O²g
365

LETTRE

CIVILE

ET

HONNÊTE.

LETTRE
CIVILE
ET
HONNÊTE,

*A l'Auteur malhonnête de la Critique de l'Histoire universelle de M. de V***, qui n'a jamais fait d'Histoire universelle.*

Le tout au sujet de *Mahomet.*

A GENÉVE.

M. DCC. LX.

LETTRE
CIVILE
ET
HONNÊTE,

*A l'Auteur malhonnête de la Critique de l'Histoire universelle de M. de V***, qui n'a jamais fait d'Histoire universelle.*

PREMIERE SECTION.

JE ne sçai s'il importe beaucoup, pour la connoisance de la Religion Mahométane, & de la grande révolution commencée par *Mahomet*, que ce Prophête foit né d'une branche aînée, ou d'une branche cadette, & que cette branche ait été pauvre ou riche.

Un homme curieux de ces profondes recherches, pourroit montrer aifément qu'Achem, bifayeul de Mahomet, forma deux branches, & que Mahomet defcendoit de la cadette. Il pourroit encore, s'il vouloit ennuyer des François, montrer fçavamment qu'Abdol Motaleb fon grand pere, laiffa douze fils, felon les Auteurs fuivis par M. le

Comte de Boulainvilliers *,
& que le Prophête fut fils
du douzième enfant, ainsi
très-cadet.

Mais en même-temps, en
fouillant dans la bibliothé-
que Orientale, on trouve-
roit que Motaleb n'eut que
dix garçons, & partant qu'il
est impossible que le Prophête fût né du douzième.
Mais en récompense, le révérend docteur Prideaux le
fait naître de l'aîné : en quoi
le révérend Docteur s'est
trompé, s'étant écarté en ce
point de l'opinion autenti-
que du révérend docteur
Abulfeda, Auteur très-cano-

* Page 197, édition de 1731.

nique chez les Turcs.

Je pourrois citer M. Sale, moitié Anglois, moitié Arabe, qui nous a donné la seule bonne traduction que nous ayons du divin Koran, ou Alcoran ; mais pour cela je ne voudrois pas accuser mon Critique d'un mensonge imprimé : car je me pique d'être poli. Je me bornerai seulement à remarquer qu'il est difficile de faire des généalogies. Ce n'est pas que je conteste à Mahomet sa noblesse ; à Dieu ne plaise ! Il descendoit sans doute d'Ismaël ; Ismael, d'Adam, & moi aussi. Mahomet, mon Critique, & moi, nous som-

mes parens ; & il faut en
uſer civilement avec ſa famille.

SECTION II.

C'Eſt une grande queſtion
de ſçavoir ſi Mahomet avoit
deux mois, ou trois mois,
quand il perdit ſon pere. Je
ſuis perſuadé, dans le fond
de l'ame, qu'il n'avoit que
deux mois ; mais je ne diſ-
puterai avec aucun Iman ſur
cet article. De grands hom-
mes remarquent, que ſon
bien & celui de ſa mere,
conſiſtoit en cinq petits chameaux. Je ferois peut-être

plus de cas d'un Hiſtorien qui montreroit qu'il porta les armes à l'âge de quatorze ans, comme le diſent *Codahi*, & *Zabbadi* : car c'eſt quelque choſe d'apprendre que le courage de ce Prophète conquérant ſe ſoit déployé de bonne heure.

Ni moi, ni l'illuſtre Sçavant qui me relève ſi bien, ne ſavons préciſément combien de temps Mahomet fut facteur de la veuve Cadishé, qu'il épouſa depuis. Je veux croire avec lui, que ce mariage ſe fit, comme il le dit, avec beaucoup de pompe & de magnificence, entre une Marchande de chameaux,

& un homme qui n'avoit rien ; dans un pays, où l'on manque de tout.

Il eſt dit dans les Auteurs Arabes, qu'il eut de ſon oncle douze écus d'or en mariage : apparemment qu'il dépenſa tout pour ſes nôces, ſi elles furent ſi pompeuſes.

SECTION III.

J'Avois cru que Mahomet avoit mené une vie aſſez obſcure, juſqu'au temps où il jetta les fondemens de la révolution d'une grande partie du monde : mais j'avoue que ſes Hiſtoriens n'ont pas manqué de rapporter qu'il donna depuis fon mariage quarante moutons à fa nourrice : on infere de là avec raifon qu'il étoit très riche, & que par conféquent il fit de grandes chofes. Si cela eft, je me fuis groffiérement trompé, & je vois que toute la terre avoit les yeux fur Mahomet, avant qu'il s'avifât de devenir Prophête.

SECTION IV.

J'Ai dit que Mahomet enfeignoit aux Arabes, adorateurs des étoiles, qu'il ne falloit adorer que le Dieu

qui les a faites. Je fuis fâ-
ché d'être obligé d'avouer ici
que j'ai eu raifon : car mal-
heureufement le mot *Sabba*
en Arabe , fignifie l'armée
des Cieux ; & c'eft de là que
le Sabbifme prit fon nom ,
& que vient chez les Hé-
breux le mot *Sabbahot* ,
comme je crois l'avoir prou-
vé ci-deffus. Les Arabes ado-
roient *Miffam* , le Soleil ;
Moftari , Jupiter; *Azad* , Mer-
cure.

Je n'ai dit nulle part qu'ils
n'avoient point d'autres
Dieux ; je fuis même fi fa-
vant , que j'affirme qu'ils
avoient des Déeffes.

Je fçai encore qu'ils ado-

roient un premier Moteur,
comme les Egyptiens, les
Grecs, & les Romains, en
connoiſſoient un, en ado-
rant pourtant mille autres
divinités. Mais j'ai dit que
Mahomet leur enſeigna à ne
point rendre à la créature
l'hommage qu'ils ne de-
voient qu'au Créateur. J'ai
eu très-grande raiſon, &
j'en ſuis fort affligé pour l'A-
rabe ſavant & poli, qui me
critique, & que je reconnois
pour mon maître.

SECTION V.

Non, sans doute, il n'y a point de passage de l'Alcoran qui impose l'obligation de courir au martyre; mais tout l'Alcoran respire la nécessité de combattre pour la créance Musulmane: c'est là l'unique source des victoires de Mahomet; c'est cet enthousiasme qui fit de ses Sectateurs un peuple de conquérans. Il étoit perdu s'il n'avoit pas fait à ses Musulmans un devoir de verser leur sang pour sa religion.

Ainſi dans une bataille contre l'Armée d'Héraclius, lorſque les Arabes pliérent, ſur la nouvelle que leur Général Dherrar avoit été fait priſonnier, Rafy un de leurs Capitaines courut à eux : » Qu'importe, leur dit-il, » que Dherrar ſoit pris ou » mort ? Dieu eſt vivant, & » vous regarde.

Un autre Général s'écrie, » Voyez le Ciel ; combat» tez pour Dieu, & il vous » donnera la Terre. » Aujourd'hui même encore, chez les Turcs, on appelle Martyrs tous ceux qui meurent en combattant contre les infidèles. Telle eſt la Loi que

Mahomet a gravée dans leurs cœurs, beaucoup mieux que s'il l'eût écrite.

La loi de la Circonfion, n'eft pas moins folemnelle, & n'eft pas plus écrite. Mahomet fut circoncis : tous les Arabes l'étoient à l'âge de treize ans, comme l'avoüe Saint Jérôme fur Jérémie, chap. 10. On faifoit même une petite circoncifion aux filles, en leur coupant un peu de la peau des nimphes : elles fouffrent encore dans plufieurs pays mahométans, cette fainte opération, lorf-qu'elles atteignent l'âge de puberté.

Mais la circoncifion des

mâles, eſt le ſceau du Ma-
hométiſme. Je n'ai point dé-
taillé les autres obſervances
de la loi Mahométane. J'aurois pû remarquer qu'elle
commande l'aumône, qu'elle
défend les jeux de hazard.
Il y a mille détails dans leſ-
quels je pourrois entrer, dans
une nouvelle édition d'un
certain Eſſai ſur l'Hiſtoire
générale , qui n'eſt point du
tout une hiſtoire univerſelle,
qui n'eſt ſeulement qu'un
tableau des principales ſot-
tiſes de ce monde ; mais il
faut toujours craindre de
perdre dans ces petits détails
l'eſprit des nations que j'ai
voulu peindre.

SECTION VI.

L'Illuſtre ſçavant, mon Cenſeur, prend, contre Mahomet, le parti du vin. Je lui ſçai bon gré de vouloir convertir les Muſulmans ſur cet article : mais s'il ſe fait Turc, comme l'Abbé Macarti, je ne lui conſeille pas d'en boire, ſurtout dans le Ramadan, ſi le Muphti eſt dévot, & s'il a du crédit.

Je l'avertis que Mahomet, dans ſon ſecond chapitre, déclare formellement que c'eſt un grand péché de boire du vin, & de jouer aux dez ; & je lui conseille de relire assidument ces belles paroles du Chapitre V: » Dans les Croyans & dans » les Justes, ce n'étoit point » un péché de s'adonner au » vin & au jeu, avant qu'ils » fussent défendus : » donc ils étoient défendus par Mahomet. Vous ne sçavez pas votre religion, Monsieur le Turc : vous dites que vous vivez parmi les Turcs : instruisez-vous donc ; profitez de leurs exemples, & connoissez mieux l'Alcoran, avant d'en parler. Des Sonnistes vous diront que le jeu signifie aussi la chasse.

Je soutiens qu'ils ont tort, comme je le prouverai ci-dessous : mais il résulte toujours que Mahomet a défendu le vin.

SECTION VII.

MOn sçavant Turc a lû Ismamisme pour Islamisme : mon sçavant Turc a mal lû. Je lui conseille de recourir au troisiéme Chapitre de son Koran, ou de son Alcoran, où il est dit : » En vérité » l'Islam est aux yeux de » Dieu la seule religion: dis, » si on dispute avec toi, je » me suis résigné à Dieu.

Qu'il consulte Albedavi, il verra qu'Islam veut dire, *se résignant soi - même*. Il a a beau dire qu'Islam signifie *salut*, parce que *salamalech* est la salutation des Turcs. Avec quels Turcs a - t'il donc vécu ? Il faut que ce soit avec des Turcs de bien mauvaise compagnie. Quoi ! de *salutation*, *révérence*, viendra-t-il le salut éternel, l'Islamisme ! cette fade équivoque n'est supportable que dans notre langue. L'Arabe n'admet point de tel jeux de mots ; c'est une langue grave, sérieuse, énergique. Oh la belle chose, que la langue Arabe !

SECTION VIII.

NOtre Scaliger Turc m'intente un Proces bien juste & bien intéressant, pour sçavoir s'il faut dire le Koran, ou l'Alcoran : mais il sçait que l'Article *al*, signifie *le*, & que ce n'est que l'ignorance de la langue Arabe qui a fait confondre ce *le* avec son substantif. S'il consulte le chapitre XII, intitulé Joseph, il verra ces mots : » Nous te rapportons » une excellente Histoire, » dans ce Koran ; » c'est-à-dire, dans cette lecture que

Mahomet faisoit du Chapitre XII. Koran signifioit donc lecture ; & c'est ce que dit expressément Albedavi. Ce mot vient de karaa, qui signifie lire. Mahomet ne dit pas dans cet Alcoran, il dit dans ce Koran. Je suis honteux d'être si fort en Arabe : mais sçavez-vous l'Arabe, vous qui parlez ?

SECTION IX.

Voici une grande dispute: Mon Maître veut absolument que Mahomet ne sçût ni lire ni écrire ; je ne l'aurois

rois

rois pas choisi pour mon facteur en Syrie, s'il avoit été si ignorant. Je sçais bien qu'il s'appelle lui même le Prophête non titré, dans le chap. 7. Mais je prie mon critique d'observer que ce chap. 7, est plein d'érudition : il sera obligé de convenir à sa honte, que Mahomet étoit un homme sçavant & modeste. Mais que dira-t-il, quand il apprendra que Mahomet étoit un Poëte, & que son Koran ou son Alcoran, est écrit en vers? Ne sçait-il pas que les Poëtes de la Mecque affichoient leurs Poësies à la porte du Temple de la

Mecque, & que Labid fils de Rabia, le meilleur Poëte fans contredit des Mecquois, ayant vû le fecond chapitre du Koran ou Alcoran, que Mahomet avoit affiché, fe jetta à fes genoux & lui dit, *O Mahomet! ou Mohamed, fils d'Abdolah, fils de Motaleb, fils d'Achem! vous êtes plus grand Poëte que moi! Vous êtes fans doute le Prophête de Dieu!*

Je ne fuis, je l'avoue, ni auffi fçavant, ni auffi bon Poëte que Labid fils de Rabia; mais je me jette aux pieds de mon fçavant Cenfeur, je lui dis; vous êtes plus fçavant que moi, mais

foyez un peu honnête, &
ne me traitez pas avec tant
de cruauté, parce que j'ai
dit qu'un Poëte fçavoit lire
& écrire.

Avez-vous oublié que ce
Poëte étoit Aftronome, &
qu'il réforma le Calendrïer
desArabes?Que ne me dites-
vous que Céfar, qui en fit
autant chez les Romains,
ne fçavoit ni lire ni écrire ?

Mahomet auroit-il, je
vous prie, demandé une
plume & de l'encre dans fon
agonie, s'il n'avoit été ac-
coutumé à s'en fervir ? Omar
l'en empêcha, de peur qu'il
ne fit un teftament, ou qu'il
n'écrivit des fottifes. Mais,

Monsieur, quand vous avez pris la plume pour écrire contre moi tant d'injures, si quelqu'un vous avoit ôté votre plume dans votre accès, auroit-on droit de dire, comme on le dit pourtant à la lecture de votre ouvrage, que vous ne sçavez point écrire ?

Vous prétendez que le Prophête devoit demander un style de fer, & non pas une plume ; je conçois Monsieur, qu'un style de fer est de votre goût ; mais en conscience on écrivoit alors sur du parchemin.

Au reste, je rend toute la justice que je dois, soit à

votre ſtyle , ſoit à votre plume.

SECTION X.

Maître , vous me dénoncez à l'Empereur de Maroc , au Grand Turc , & au Grand Mogol, comme un perturbateur du repos public , qui oſe avancer que l'intention de Mahomet étoit qu'Ali , mari de ſa chere fille Fatime , fût en poſſeſſion du Califat. Vous ne voulez point qu'on ſonge à établir ſon gendre & ſon couſin germain. Pourvu que vous ne me déferiez pas à l'Inquiſition , je me tiendrai très-heureux.   B iij

SECTION XI.

M'Y voila déferé, Maître : j'ai dit qu'on reconnut Mahomet pour un grand homme. Rien n'eſt plus impie, dites-vous. Je vous répondrai, que ce n'eſt pas ma faute ſi ce petit homme a changé la face d'une partie du monde ; s'il a gagné des batailles contre des armées dix fois plus nombreuſes que les ſiennes ; s'il a fait trembler l'Empire Romain ; s'il a donné les premiers coups à ce Coloſſe, que ſes Succeſſeurs ont écraſé, & s'il a été légiflateur de l'Afie, de l'Afrique, & d'une partie de l'Europe. Je vous accorde qu'il eſt damné; mais Céfar & Alexandre le font auſſi. Cicéron ne l'eſt-il pas? & ne pourriez-vous point l'être, tout éloquent que vous êtes, pour vous être mis ſi fort en colère?

SECTION XII.

CEtte colere eſt pourtant en quelques endroits bien excuſable; *irafcimini & nolite peccare.* Vous condamnez comme hérétique, ſentant l'héréſie, & malſonnan-

te cette propofition : » L'a-
» mour qu'un tempérament
» ardent avoit rendu nécef-
» faire à Mahomet , & qui
» lui donna tant de femmes
» & de concubines , n'af-
» foiblit ni fon courage , ni
» fon application, ni fa fanté.
Vous m'avouerez au moins,
Monfieur , qu'il avoit du
courage , quoiqu'il fît l'a-
mour , puifqu'il donna tant
de combats. A votre avis,
le Maréchal de Saxe qui ai-
moit tant les filles, étoit-il
fans courage ? Je connois
encore plus d'un Maréchal
de France qui trouvera votre propofition plus mal-
fonnante que vous ne trou-

vez la mienne. Vous ferez
forcé de convenir que Ma-
homet étoit appliqué, puifqu'il étoit Législateur ; &
quand je vous dirai qu'il
étoit Médecin , vous ne
douterez pas qu'il ne fe por-
tât très bien.

Je ne prétends pas auto-
rifer la pluralité des femmes ; à Dieu ne plaife ! Je
crois qu'une feule fuffit à la
fois pour le bonheur d'un
galant homme ; mais, Mon-
fieur, confidérez de grace,
que Mahomet étoit Arabe ,
& qu'on pourroit bien vous
montrer dans fon voifina-
ge de très-grands Rois qui
avoient un peu plus de fem-

mes que le petit-fils d'Ab-dal-Motaleb. Vous dites ici des injures aux Dames : que je vous fuis obligé ! Vous me donnez cette moitié du genre humain pour protec-trice, & avec cette moitié je fuis fûr de l'autre.

SECTION XIII.

VOus ne voulez donc pas, Monfieur, que Rachild foit le plus beau des titres. Ce-pendant, Monfieur, Rachild fignifie *jufte.* Voudriez-vous faire croire, par vos criti-ques, que l'équité n'eft pas votre vertu favorite.

SECTION XIV.

NOn, en vérité, Monsieur, elle ne l'est pas ; comme vous traitez M. le Com e de Boulainvilliers ! Vous l'appellez sans façon Mahométan François, déserteur du Christianisme. Je croyois d'abord que c'étoit à M. le Comte de Bonneval que vous en vouliez : l'expression seroit juste, puisqu'en effet M. de Bonneval s'est fait circoncire : mais pour M. de Boulainvilliers, je n'ai point oui dire qu'il l'ait été. Il regardoit Mahomet comme un *Numa Pompilius*, un *Théfée*. Tout le monde dit du bien de ces gens-là; pourquoi ne voudriez vous pas qu'on en dit auffi un peu de Mahomet à quelques égards? Appellez-vous Payens ceux qui louent *Théfée ?* Non. Pourquoi donc appellez-vous Mahométan M. le Comte de Boulainvilliers ? Ignorez-vous que fa famille eft chrétienne , & comptez-vous qu'elle foit affez bonne chrétienne pour vous donner un outrage fi infame & fi groffier ? Pour moi, Monfieur , je vous pardonne , & de fi bon cœur, que je vous promets de ne vous jamais lire.

SECTION XV.

Vous vous trompez, mon Turc ; la Religion dominante dans l'Inde , eſt la vôtre. Eſt - il poſſible que vous ſoyez ſi mal inſtruit de vos affaires ! Il y a , dites-vous , mille idolâtres pour un Muſulman : mais , mon cher Turc, vous ſavez qu'en Gréce il y a auſſi mille pauvres gens de la Religion Grecque pour un brave Oſmanli , pour un Turc. On appelle la Religion dominante celle qui domine. J'ai dans mes terres plus de domeſtiques Huguenots que de Catholiques; cependant ma religion eſt la dominante. Le Calviniſme domine en Hollande, quoiqu'il y ait plus de Catholiques que de Proteſtans. Mais ce n'eſt pas tout : vous n'avez jamais lû le Livre de M. *Niecamp* ſur la preſqu'Iſle de l'Inde. Il vous avertit que c'eſt la ſeule bonne relation qu'on ait de ce pays ; mais vous ne ſçavez peut-être pas l'Allemand : n'importe ; liſez ce Livre : vous y verrez que les Muſulmans ont converti dans la preſqu'Iſle, des milliers d'Idolâtres ; que partout les Muſulmans ſont en

crédit dans la presqu'Isle ;
mais apprenez que la Religion du Grand Mogol est
dominante dans le Mogol.

SECTION XVI.

QUe vous êtes ignorant ,
mon cher Turc ! Apprenez
que les Bramins , ou Brami-
nes , ou Bramènes d'aujour-
d'hui , sont les successeurs
des Bracmanes ; qu'ils tien-
nent d'eux la métempsicose,
& la belle coûtume de faire
brûler les veuves dévotes ;
qu'ils se disent, ainsi que les
anciens Gymnosophistes, dis-
ciples du Roi Bracman. C'é-

roit , comme tout le monde
sçait , un grand Philosophe ,
qui vivoit il y a cinq ou six
mille ans. Il faut que vous
n'ayez jamais été à l'Université de Jaganat , puisque
vous ignorez ces chofes ,
que les moindres écoliers de
cette favante Université ,
vous auroient dites. Ah ! je
vois bien que vous n'êtes
qu'un Turc de Paris. Je
vous reconnois , mafque.

SECTION XVII.

Non, mon ami, vous n'a-
vez jamais été dans l'Inde.
Non, vous ne vivez point
avec les fidèles Musulmans,
comme vous vous en vantez.
Quoi ! Vous soutenez que
la presqu'Isle deça le Gange
n'appartïent pas de droit au
Grand Mogol, après les con-
quêtes d'Aurengrel ? Vous
ignorez qu'il prétend un tri-
but de tous les Nababs, de
tous les Rayas, qui suçent
la presqu'Isle ? Pauvre homme ! Vous ne sçavez pas que

le Souba du Dékan prend l'inveſtiture de Sa Majeſté Impériale Mogole ? Qu'il eſt maître à la vérité du Gouvernement d'Arcate ; qu'il donne ce Gouvernement à ſon favori: mais que ce Souba n'en dépend pas moins de l'Empereur. Oui Monſieur, toute la preſqu'Iſle , toutes les Indes , à compter depuis Candahar juſqu'à Calicut , tout appartient de droit divin à Sa Majeſté, attendu le droit de conquête & le droit de bienſéance. Allez vous informer de tout cela au Portier de M. Dupleix , qui a rendu pour peu de tems le nom

François respectable & ter-
rible dans l'Inde ! Il vous en
dira cent fois plus que moi :
il vous apprendra à parler.

C'est moi qui vous défere-
rai au Grand Mogol ; vous
abufez de fa foibleffe pré-
fente ; vous prenez le parti
des rebelles ; vous les appellez Rois: fçâchez qu'ils ne
font que Naïques.

Avez-vous jamais entendu
parler du royaume Tondan-
mandalam , que poffédoit le
Roi Tonden, vaincu par
Aurengreb ? Sçavez - vous
que Vifapour & Golconde
font regardées comme des
Provinces de l'Empire ? Sça-

vez-vous ? Mais vraîment, je
fuis bien bon de vous parler.
Adieu. Je n'aime pas à perdre
mon temps.

FIN.

www.ingramcontent.com/pod-product-compliance
Lightning Source LLC
Chambersburg PA
CBHW061328050726

47595CB00005B/1827